JN271903

「幸せ三昧」のカジュアル和食

中山流 味のサプライズ

恵比寿「幸せ三昧」店主 中山幸三

講談社

はじめに

僕は和食が大好きです。
それまでしてきた仕事とはまったく違う、"食"の世界で働こうと思ったとき、迷わず和食を選びました。
フレンチもイタリアンも好きだけど、中華も好きだけど、心底おいしい！　と思うのは、やっぱり和食なんです。
しょうゆの甘辛味はご飯がすすむし、**日本人ならほっとしますよね。**

料理をしているとカウンター越しに、お客さんから「これどうやって作るの？」とよく聞かれます。
そのたびに、できるだけ丁寧に作り方を説明してきました。
おいしいものを作りたい人たちが、**料理を楽しむヒントにしてほしかったから。**
そんな思いをまとめたのがこの本です。

和食は難しいって言われますが、**面倒な決まり事は忘れていいです。**
道具はいつもの鍋やフライパンでいいし、電子レンジも使います。
もっと気楽に、手軽に作ってほしいので、
使っている食材は本当に近所のスーパーで買えるものばかり。
だから"カジュアル和食"です。
和食って、若い人には淡白で物足りないところもありますよね。
でも、この本のおかずはどれもボリュームいっぱい。

とびきりのごちそうじゃなくても、
毎日のおかずがおいしければ、**食べた人をきっと幸せにできる。**
くり返し作りたくなる、"おいしい"を見つけてもらえたら嬉しいです。

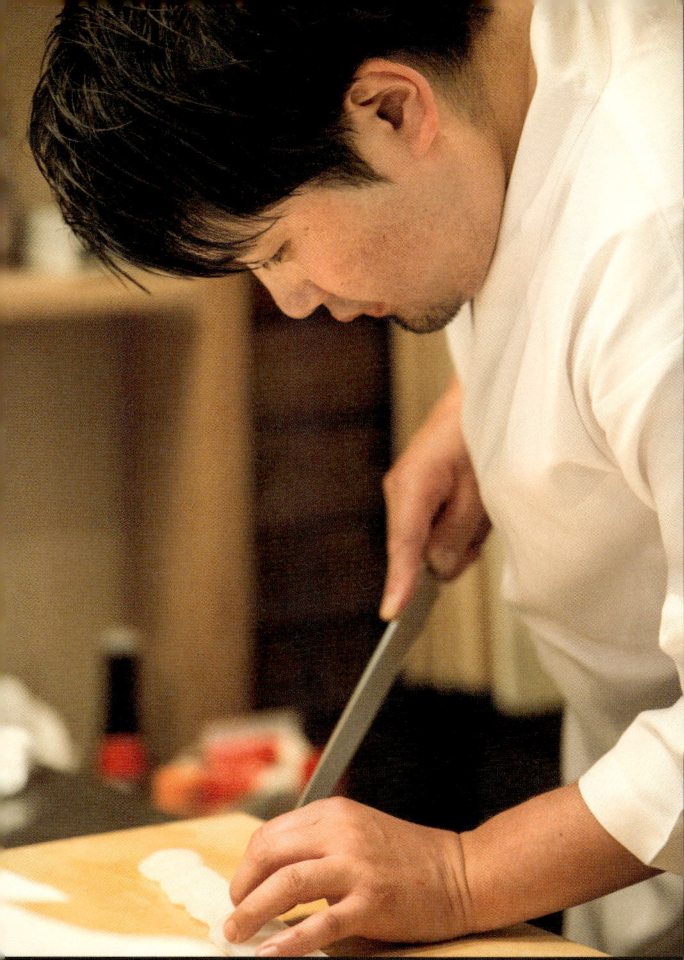
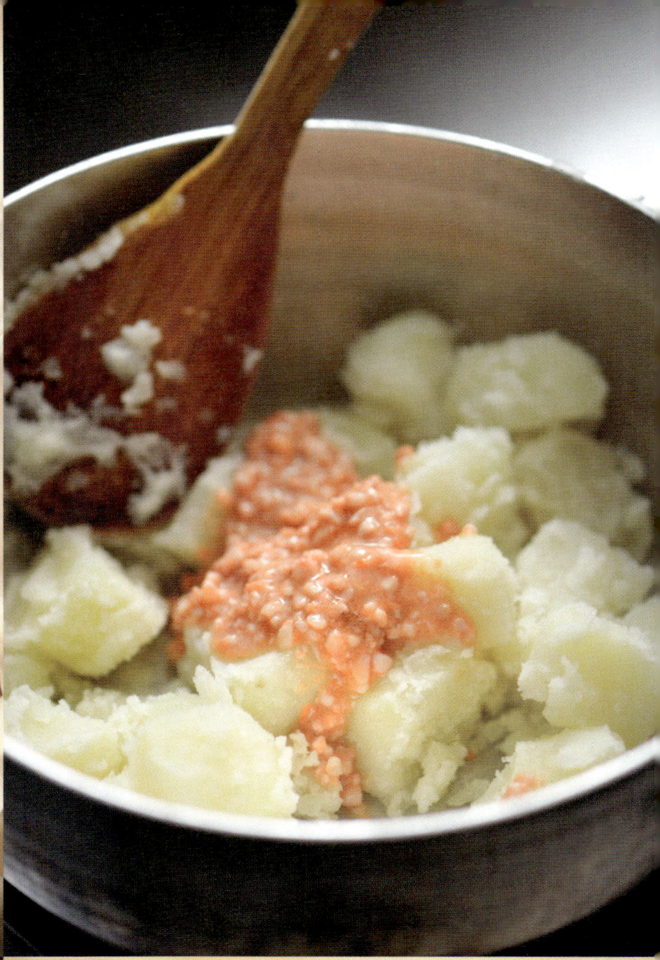
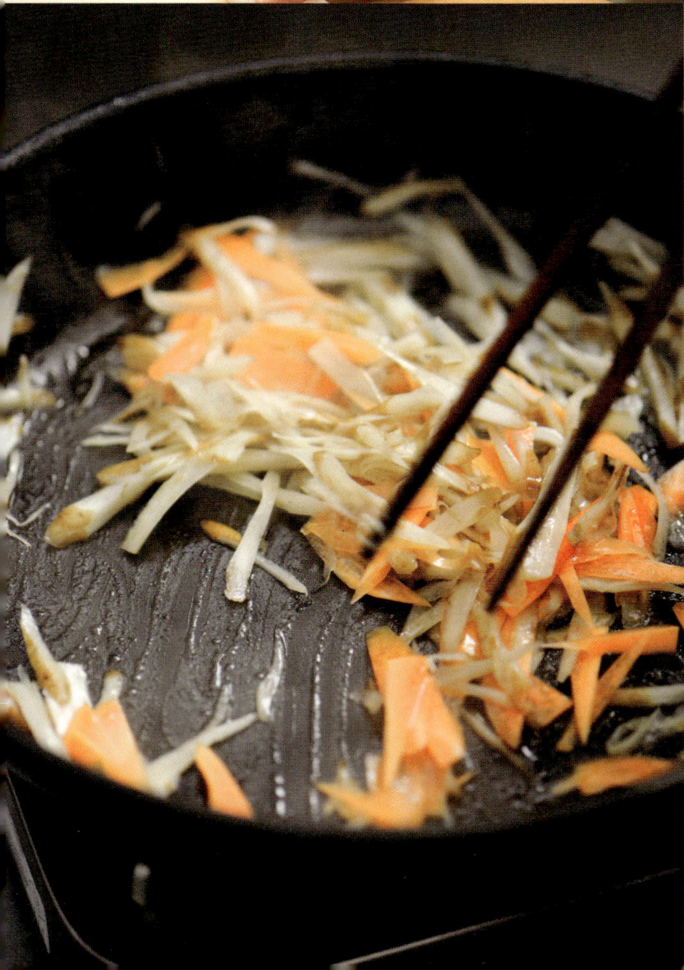
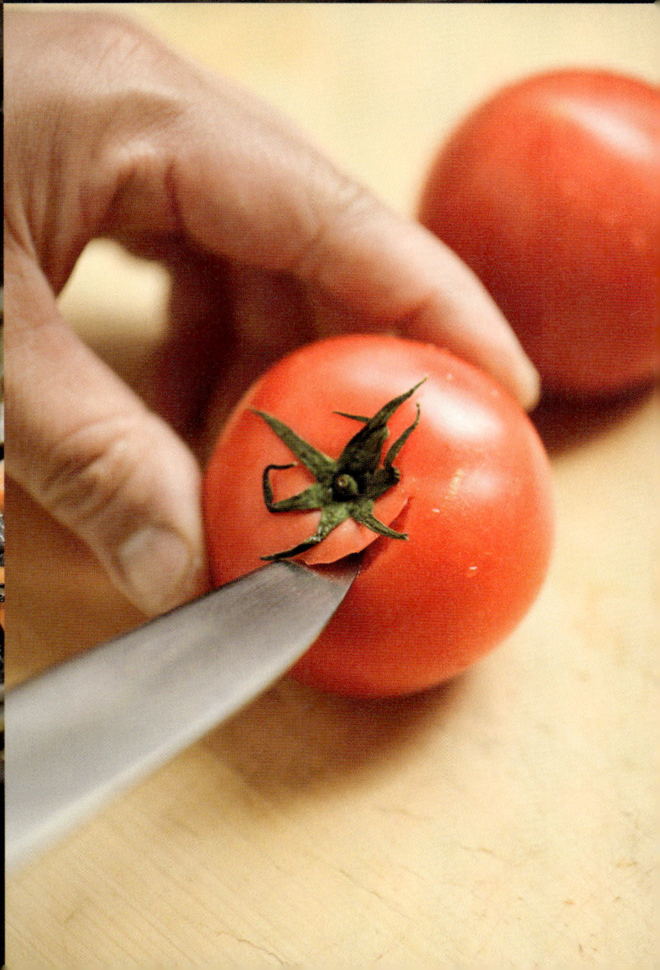

もくじ

2 はじめに
6 和食を作る前に

1章 組み合わせが新鮮！ 和のおかず

8 鶏肉とアボカドの新幽庵焼き
10 鶏ロース煮のきんぴら添え
12 トマト肉豆腐
14 牛肉とみょうがの時雨煮
15 豚肉のみそ漬け焼き 煮りんご添え
16 かじきの照り焼き とろろがけ
17 いかの刺身 ふわふわ納豆ソース
18 いんげん、しいたけのかぼちゃあえ
19 粉ふき芋の塩辛バター

2章 季節を味わう ボリュームおかず

春
22 アスパラと豚肉の塩麹バター炒め
24 焼きキャベツのベーコンあんかけ
25 あさりと新じゃがの酒蒸し
26 さわらと竹の子のさんしょうマヨ焼き
28 菜の花と厚揚げの卵とじ
29 かつおと竹の子の煮物

夏
30 夏野菜と豚肉のみそ炒め
32 レタスと豚肉のしゃぶしゃぶサラダ
33 枝豆と鶏ひき肉のポロポロ炒め煮
34 えびとオクラの岩石揚げ
35 さばとパプリカのカレー煮
36 まぐろとトマトののりつくだ煮あえ
37 あじのとトマトののりつくだ煮あえ
37 あじの酢洗い 漬物と香味野菜あえ

秋
38 鶏肉と根菜のうま煮
40 きのことささ身のごま酢あえ
41 豚肉ときのこの甘酢煮
42 いかと里芋のからし煮
44 さけと野菜の揚げ焼き
45 さんまのごまじょうゆ焼き

冬
46 鶏肉と白菜のトロトロ煮
48 鶏肉と小松菜のゆずこしょう炒め
49 大根と豚肉の和風バターしょうゆ炒め
50 長ねぎの豚巻き天ぷら風
51 豚角煮 つぶしじゃが添え
52 あぶりぶりと春菊のサラダ
53 かきとねぎの南蛮漬け

4

この本の決まり

- 計量に使う小さじは5㎖、大さじは15㎖、カップ1は200㎖です。
- 電子レンジの加熱時間は、500Wを使用した場合の目安です。
- この本に出てくるだし汁は、P.6に記載している昆布とかつお節でとったものを使用しています。
- 調味料で、しょうゆは濃口しょうゆのことです。薄口しょうゆは、代わりに濃口しょうゆを使う場合は味をみて加減してください。小麦粉は薄力粉、砂糖は上白糖を使っています。

3章 洋食テクでこくうま和食

- 56 えびとかぶの豆乳グラタン
- 58 鶏肉と里芋のカレー風味グラタン
- 59 かきと白菜のグラタン
- 60 ポークソテー トマト赤みそソース
- 62 チキンピカタ 和風タルタルソース
- 64 和風ローストビーフ
- 65 ロールレタス ポトフ風

4章 野菜を食べたければ定番の和の副菜

きんぴら
- 68 ごぼうと三つ葉のきんぴら
- 70 セロリのカレーきんぴら
- 71 じゃが芋のきんぴら 明太子風味
- 70 大根と油揚げのきんぴら

おひたし
- 72 青梗菜と桜えびのおひたし
- 73 水菜とゆばのおひたし
- 74 ミニトマトのおひたし

焼きびたし
- 74 しし唐とパプリカの油焼きびたし
- 75 なすの油焼きびたし
- 76 長芋ときのこの焼きびたし

あえ物
- 76 カリフラワーとベーコンのからしあえ
- 77 ほうれんそうとツナのわさびあえ
- 78 たことクレソンのわさびあえ
- 78 アスパラと豆腐のごまあえ
- 79 いんげんと油揚げのごまあえ
- 79 れんこんとえびの酢みそあえ
- 79 オクラと帆立ての酢みそあえ

コラム
- 20 1 簡単炊き込みご飯
- 54 2 和風ピクルス
- 66 3 和に合うデザート

和食を作る前に

● 調味料のこと

ここで紹介する調味料があれば、ほとんどの和食が作れます。特別なものは必要ありませんが、これが基本になるので、ぜひそろえてください。

みりん
みりんは日本酒と同じように作る発酵調味料で、甘みのほかにうまみや香りがあります。〝みりんタイプ調味料〟は塩を加えたりしているので、〝本みりん〟を選んで。

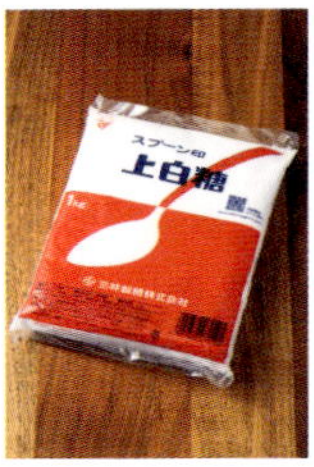

酒
通常の〝料理用酒〟は塩を加えているので、手頃な値段の〝料理用清酒〟や〝日本酒〟を使ってください。風味がよくなり、素材のうまみを閉じ込めます。

しょうゆ
右はこの本でしょうゆと表記している〝濃口しょうゆ〟。左は濃口よりも色が薄い〝薄口しょうゆ〟で、淡口とも書きます。色をつけずに仕上げたいときに使ってください。薄口の代わりに濃口を使う場合、薄口のほうが塩分は高いので味を見て確認を。

油
店では焙煎しないで搾った〝太白ごま油〟を使っていますが、この本ではサラダ油と表記しています。くせのない油ならなんでも。

酢
くせがないので〝穀物酢〟を使っています。もちろん好みで〝米酢〟でも。

砂糖
砂糖は〝上白糖〟を使っています。好みで〝三温糖〟や〝きび砂糖〟でも。

● だし汁のこと

だし汁が味を決めるので、できれば〝昆布〟と〝かつお節〟でとったものを。簡単なとり方を紹介します。時間がないときは、だしパックやだしの素を使ってもいいでしょう。

材料（約1ℓ分）
昆布 --- 10g
かつお節 --- 20g

1 鍋に1.2ℓの水と昆布を入れ、20分ほど（できれば2〜3時間）つけておく。鍋を弱火にかけ、沸騰する前に昆布を引き上げる。

2 続けてかつお節を一度に入れ、いったん沈み、再び浮いてきたら火を止める。

3 目の細かいざるでこし、かつお節を菜箸で軽く押して汁をきる。この汁がだし汁。冷まして冷蔵庫に入れ、2日ほどで使いきる。

1章 組み合わせが新鮮！和のおかず

「和食だから和の素材」なんて、とらわれなくていい。
幽庵焼き×オレンジとアボカド、肉豆腐×トマトなど、
おいしそうと思うものを、自由に組み合わせてみました。
また、魚の照り焼き×ふわふわなとろろのように、
素材は和でも、思いがけない組み合わせもあります。
「和食ってこれでいいんだ」と、楽しんでみてください。

鶏肉とアボカドの新幽庵焼き

「幽庵焼きは
魚にゆずが定番だけど、
鶏肉にオレンジ果汁をきかせ、
アボカドも一緒に焼く。
こんな組み合わせでも、
味わいはしっかり
"和"です」

[材料・2人分]

鶏もも肉 --- 大1枚（340g）
アボカド --- 1個
たれ
　┌ 酒、みりん、しょうゆ、
　└ オレンジの絞り汁 --- 各大さじ2
酒 --- 大さじ2
粗びき黒こしょう --- 少々

[作り方]

1　鶏肉は半分に切り、混ぜたたれにつけてキッチンペーパーを直接のせて30分ほどおく。

2　アボカドは縦に1本くるりと切り込みを入れ、左右にひねって半分にする。種と皮を除き、8等分のくし形に切る。

3　鶏肉は汁けを別のキッチンペーパーでふく。油をひかずにフライパンを熱し、鶏肉の皮目を下にして中火で焼き、こんがり焼けたら返して酒を加え、ふたをして蒸し焼きにする。鶏肉に火が通ったら、空いているところにアボカドを加えて両面を焼く。残ったたれの半量を回しかけてからめ、火を止める。

4　3の鶏肉は食べやすく切る。アボカドとともに器に盛り、アボカドに黒こしょうをふる。

オススメ技

鶏肉をたれにつけたら、キッチンペーパーをのせて"落としペーパー"をすると、調味料が行き渡って乾燥も防げます。

鶏ロース煮の
きんぴら添え

「肉は濃い味つけの野菜と食べてもおいしいです。しっとり柔らかい鶏肉にごぼうのきんぴらを合わせ、洋の一皿みたいに」

[材料・2人分]

鶏胸肉 --- 大1枚（300g）
ごぼう --- 1本
にんじん --- ¼本
塩、こしょう --- 各少々

A
| 水 --- カップ2¾
| 酒 --- カップ½弱
| 塩 --- 小さじ2
| 薄口しょうゆまたはしょうゆ、
| 砂糖 --- 各小さじ1
| ねぎの青い部分 --- 1本分

B
| 砂糖 --- 小さじ1
| 酒 --- 大さじ2
| しょうゆ、みりん --- 各小さじ1
| いり白ごま --- 小さじ1
| 一味唐がらし --- 少々

サラダ油 --- 少々
ごま油 --- 大さじ1

[作り方]

1 鶏肉は余分な皮を除いて塩、こしょうをふる。フライパンにサラダ油を熱し、鶏肉の皮目を下にして中火で焼き、焼き色がついたら返してさっと焼く。

2 鍋にAを煮立て、1を皮目を下にして中火で2分ほど煮る。火を止めてそのまま余熱で火を通す。

3 ごぼうはたわしでこすってよく洗い、ささがきにし、水に5分ほどさらして水けをきる。にんじんは皮をむいて縦4等分にしてから、斜め薄切りにする。

4 フライパンにごま油を熱し、ごぼうを強火で炒め、Bの砂糖をふって混ぜ、酒とにんじんを加えて炒める。しょうゆ、みりんを加えて味を調え、汁けがなくなったら白ごまと一味唐がらしをふる。

5 鶏肉は汁けをきって薄く切り、器に4と盛り合わせる。

オススメ技

焼いた鶏肉を煮汁でさっと煮たら、あとは余熱で火を通すと、胸肉でもしっとり仕上がります。皮目を下側にして煮汁に入れて。

トマト肉豆腐

「和食の定番、肉豆腐にうまみの多いトマトを入れます。牛肉に砂糖で甘みをつけておくと、味が決まりやすくトマトの酸味ともなじみますよ」

[材料・2〜3人分]

牛切り落とし肉 --- 200g
絹ごし豆腐 --- 1丁（300g）
トマト --- 2個
玉ねぎ --- 1個
塩 --- 少々
砂糖 --- 大さじ2
A｜水 --- カップ3
　｜酒、しょうゆ --- 各大さじ4
サラダ油 --- 大さじ1

[作り方]

1. 牛肉は食べやすい大きさに切る。豆腐は8等分に切る。トマトはへたを除いて4等分に切る。玉ねぎは縦半分にし、繊維にそって薄切りにする。

2. 鍋にサラダ油を熱し、玉ねぎを入れ、塩をふって透き通るまで中火で炒める。牛肉を加え、強火にして砂糖をふって炒める。

3. 肉の色が変わったらAを加えて煮立て、あくをすくい、豆腐を加えて落としぶたをして中火で15分ほど煮る。トマトを加え、トマトに火が通ったら火を止める。

オススメ技

落としぶたは、アルミホイルを鍋よりも少し小さめに丸めたもので十分。

牛肉とみょうがの時雨煮

「香味野菜を使うときは、たっぷりと。みょうがの香りをきかせると、飽きずに食べられます」

[材料・2人分]

牛切り落とし肉 --- 200g
みょうが --- 6個
A│水、酒 --- 各カップ½
　│砂糖 --- 大さじ1½
　│しょうゆ --- 大さじ2
　│みりん --- 大さじ1½
サラダ油 --- 大さじ1

[作り方]

1 牛肉は食べやすい大きさに切る。みょうがは縦半分にしてから、縦に薄切りにし、水に5分ほどさらして水けをきる。

2 鍋にサラダ油を熱し、牛肉を炒める。色が変わったらAを加えて煮立てる。あくをすくい、落としぶた（P.13参照）をして、中火で汁けがほぼなくなるまで煮る。みょうがを加えて、混ぜながら1〜2分煮たら火を止め、器に盛る。

豚肉のみそ漬け焼き 煮りんご添え

「豚肉とフルーツの組み合わせ、意外にいけるんです。りんごをみりんで煮ると、みそ風味に合う優しい甘さになります」

[材料・2人分]

豚ロース肉（とんカツ用）--- 2枚（300g）
りんご --- 1個　　春菊の葉 --- 8本

みそ床（2〜3回使える）
- みそ --- 100g　　砂糖 --- 40g
- 酒 --- カップ½

みりん --- 適量
薄口しょうゆまたはしょうゆ --- 小さじ½

[作り方]

1. ボウルにみそ床の材料を入れて、よく混ぜる。豚肉の両面に塗り、5〜6時間冷蔵庫におく。

2. 春菊は葉を摘んでゆで、みじん切りにする。りんごは皮と芯を除いて一口大に切り、小鍋に入れ、りんごの高さの半分までみりんを加えて中火にかける。汁けがなくなったら火を止め、しょうゆと春菊を加えて混ぜる。

3. 1のみそをふき、魚焼きグリルで両面をこんがり焼く。器に盛り、2を添える。

かじきの照り焼き とろろがけ

「甘辛い照り焼きにとろろがからむと、ぐっと食べやすくなります。粗みじん切りのシャキシャキ感で、歯ざわりも楽しく」

[材料・2人分]

かじきの切り身 --- 2切れ
山芋 --- 80g　　だし汁 --- 大さじ4
塩、こしょう --- 各少々　　小麦粉 --- 適量
A｜みりん、しょうゆ --- 各大さじ1
　｜砂糖 --- 大さじ½
サラダ油 --- 大さじ1　　青のり --- 少々

[作り方]

1. 山芋は皮をむいて、⅓量を粗みじん切りにし、残りはすりおろす。ボウルに合わせ、だし汁を加えてスプーンで泡立てるように混ぜてふんわりとさせる。

2. かじきに塩、こしょうをふり、小麦粉を薄くまぶす。

3. フライパンにサラダ油を熱し、かじきを入れて中火で両面を焼き、Aを加えてとろみがつくまで煮詰める。器に盛り、1をかけて青のりをふる。

いかの刺身 ふわふわ納豆ソース

「納豆をペーストにしたこのソース、刺身によくからみます。かつおやまぐろでもよく、カルパッチョのように盛りつけて」

[材料・2人分]

いかの刺身（いかそうめん）--- 100g

A | 納豆 --- 2パック　　だし汁 --- 大さじ6
　| しょうゆ --- 大さじ3　　練りがらし --- 小さじ1
　| サラダ油 --- 小さじ2

青じそ --- 2枚　　みょうが --- 1個
万能ねぎ --- 2本　　水菜 --- 適量
卵黄 --- 1個分

[作り方]

1. Aはハンドブレンダーやミキサーでペースト状にして、¼量を使用する（残りのソースはゆでオクラやご飯にかけて使う）。

2. 青じそはせん切り、みょうがは縦半分にしてから縦に薄切りにする。水菜、万能ねぎは3～4cm長さに切る。合わせて冷水にさらして、水けをしっかりきる。

3. 器に1を敷き、いかと2を盛り、卵黄をのせる。全体をさっくりと混ぜて食べる。

いんげん、しいたけのかぼちゃあえ

「かぼちゃに白みそとごまを混ぜた衣は、ゆで野菜と合います。生クリームで、口当たりがまろやかに」

[材料・2人分]

かぼちゃ --- ¼個(正味350g)
さやいんげん --- 10本　　しいたけ --- 4個
塩 --- 少々　　しょうゆ --- 小さじ1
A｜白みそ、すり白ごま、生クリーム --- 各大さじ1
　｜しょうゆ、砂糖 --- 各小さじ2
くるみ(粗く割る) --- 1つかみ

[作り方]

1 さやいんげんは長さを3等分し、しいたけは軸を除いて5mm幅に切り、熱湯に塩を加えてゆでる。水けをきり、しょうゆを混ぜて冷ます。

2 かぼちゃは種とわたを除き、ラップで包む。電子レンジに4〜5分かけて柔らかくし、皮を除いてつぶし、Aを混ぜる。

3 2に1とくるみ(飾り用に少量残す)を加えてあえ、器に盛り、残したくるみを散らす。

粉ふき芋の塩辛バター

「いかの塩辛をバターで炒め、粉ふき芋とあえて。ジャーマンポテトならぬ、"ジャパポテト"と呼んでいます！」

[材料・2〜3人分]

じゃが芋 --- 5個　　いかの塩辛 --- 60g
塩 --- 小さじ½　　バター --- 20g
万能ねぎ（小口切り） --- 少々

[作り方]

1. じゃが芋は皮をむき、一口大に切って鍋に入れ、ひたひたの水と塩を加えて火にかける。
2. 塩辛はみじん切りにする。フライパンにバターを溶かし、塩辛を入れてさっと炒める。
3. 1のじゃが芋が柔らかくなったら湯を捨て、弱火にかけて木べらで混ぜ、さらに鍋をゆすって水分をとばす。すぐに2を加えて混ぜて、器に盛り、万能ねぎを散らす。

オススメ技　粉ふき芋は、木べらで混ぜたり、鍋をゆすったりして余分な水分をとばすと、白っぽく粉をふいたようになります。

コラム 1 簡単炊き込みご飯

旬の野菜をのせて炊くだけ。水と調味料、昆布を合わせて一晩おいた"めし地"を準備しておき、これで炊きます。

しらすととうもろこし

[材料・3〜4人分と作り方]

1. **米2合**（360㎖）は洗ってざるに上げ、30分ほどおく。
2. 炊飯器に1を入れて**めし地**を注ぎ、**とうもろこし**（実をそいで）**60g**をのせて炊く。
3. 炊き上がったら**しらす干し60g**を加え、2〜3分蒸らし、さっくり混ぜる。

きのことさつま芋

[材料・3〜4人分と作り方]

1. **米2合**（360㎖）は洗ってざるに上げ、30分ほどおく。
2. **さつま芋100g**は皮つきのまま1.5cm角に切る。耐熱容器に入れ、ラップをして電子レンジに2〜3分かけ、柔らかくする。**きのこ**（しいたけ、まいたけ、しめじを合わせて）**80g**は軸や根元を除き、食べやすくほぐす。
3. 炊飯器に1を入れて**めし地**を注ぎ、2をのせて炊き、炊き上がったらさっくり混ぜる。

大根とにんじん

[材料・3〜4人分と作り方]

1. **米2合**（360㎖）は洗ってざるに上げ、30分ほどおく。
2. **大根、にんじん各40g**は皮をむき、大根は1.5cm角に、にんじんは1cm角に切る。
3. 炊飯器に1を入れて**めし地**を注ぎ、2をのせて炊き、炊き上がったらさっくり混ぜる。

めし地（米2合分）
水360㎖、酒大さじ2、薄口しょうゆ、しょうゆ各大さじ1（またはしょうゆ大さじ2強）、昆布5cm角1枚を合わせて一晩おく。

2章 季節を味わう ボリュームおかず

和食の楽しさのひとつは、「季節感を味わえる」こと。
春はアスパラや竹の子、夏はなすやとうもろこし、
秋はきのこや根菜、冬は白菜や長ねぎと、旬が巡ります。
それをどう料理しようかと考えるだけで、ワクワクしてきます。
毎日パパッと作りやすいように、たった「3ステップ」で、
しかも「主菜になるボリュームおかず」を考えました。

春

アスパラと豚肉の塩麹バター炒め

「塩麹を使えば、和風の炒め物の味が決まります。アスパラ、トマトのような洋野菜にもぴったりです」

[材料・2人分]

豚ばら薄切り肉 --- 150g
アスパラ --- 2本
トマト --- 小3個
塩麹 --- 大さじ1
バター --- 10g
サラダ油 --- 少々
粗びき黒こしょう --- 少々

[作り方]

1 豚肉は4cm長さに切る。アスパラは根元を少し切り、下1/3の皮をむいて1cm幅の斜め切りにする。トマトはへたを除いて縦4等分に切る。

2 フライパンにサラダ油を熱し、豚肉を入れて中火で炒める。肉の色がほぼ変わったら、アスパラを加えて炒め合わせる。

3 アスパラがしんなりしたらバターを加えてからめ、塩麹を加えてひと混ぜする。トマトを加え、トマトに火が入るまで炒める。器に盛り、黒こしょうをふる。

オススメ技

トマトの頭にある黒い部分。ちょっと口に残るので、切り落としておくと口当たりがよくなります。

焼きキャベツの
ベーコンあんかけ

「春キャベツは甘いので、ただ焼くだけでおいしい。あんに入れたベーコンで、こくをプラスします」

[材料・2人分]

春キャベツ --- ¼個
新玉ねぎ --- 小½個（横切り）
スライスベーコン --- 3枚
だし汁 --- 大さじ8
塩 --- 適量
水溶き片栗粉
　--- 片栗粉大さじ1＋水大さじ1

[作り方]

1. キャベツは縦半分に切る。玉ねぎは厚みを半分に切る。ベーコンは1cm幅に切る。

2. キャベツ、玉ねぎに軽く塩をふり、魚焼きグリルでこんがりと焼き色がつくまで焼き、器に盛る。

3. 油をひかずにフライパンを熱し、ベーコンを入れ、中火で軽く炒めてだし汁を加え、煮立てる。2〜3分煮たら塩少々で味を調え、水溶き片栗粉でとろみをつけ、2にかける。

あさりと新じゃがの酒蒸し

「あさりの酒蒸しに、豚肉とじゃが芋を加えてご飯のおかずになるようボリュームアップ」

[材料・2人分]

あさり（殻つき。砂抜きずみのもの）
　--- 200g
豚薄切り肉 --- 80g
新じゃが芋 --- 小4個
塩 --- 適量
A｜酒、水 --- 各カップ½
サラダ油 --- 少々
万能ねぎ（小口切り）--- 適量

[作り方]

1. あさりは殻と殻をこすり合わせてよく洗う。豚肉は一口大に切って、塩少々をふる。

2. じゃが芋は皮つきのままよく洗い、ラップに包んで、電子レンジに3～4分かけて半分に切る。またはゆでてもよい。

3. フライパンにサラダ油を熱し、豚肉を中火で炒める。肉の色が変わったらA、2、あさりを加え、ふたをしてあさりの口が開くまで蒸し煮にする。味をみて足りなければ塩少々で調え、器に盛り、万能ねぎを散らす。

26

さわらと竹の子のさんしょうマヨ焼き

「マヨネーズ味の焼き魚なら、魚も食べやすくなります。さんしょうで春の香りを。あれば木の芽を刻んで入れても」

[材料・2人分]

さわらの切り身 --- 2切れ
ゆで竹の子 --- ½本（100g）
塩、しょうゆ --- 各少々
さんしょうマヨネーズ
　［ マヨネーズ --- 大さじ3強
　　 砂糖 --- 小さじ1弱
　　 しょうゆ、粉ざんしょう --- 各小さじ½

[作り方]

1　さわらは塩をふり、冷蔵庫に30分ほどおく。水けをキッチンペーパーでふき、皮目に2ヵ所切り目を入れる。

2　竹の子は、熱湯にさっとくぐらせ、水けをふく。根元と穂先に分け、根元は1cm厚さに切って半分に切り、穂先は縦に1cm幅に切ってしょうゆを薄く塗る。

3　魚焼きグリルを熱し、1を並べて中火で5分ほど焼き、上下を返して2を並べて3分ほど焼く。さんしょうマヨネーズを混ぜ合わせ、さわら、竹の子にのせて、再び魚焼きグリルで表面が乾くまで焼く。

オススメ技

竹の子は熱湯にくぐらせるとふっくらして、歯ざわりもよくなり、ゆでたてのように。

菜の花と厚揚げの卵とじ

「青菜と厚揚げのさっと煮。しらすを入れるとうまみが増します。卵でとじると食べやすいんです」

[材料・2人分]

菜の花 --- ½束
厚揚げ --- 小1枚
しらす干し --- 30g
卵 --- 2個
A | だし汁 --- カップ1
　| 薄口しょうゆまたはしょうゆ、
　| みりん --- 各大さじ1強

[作り方]

1 菜の花は根元を少し切る。厚揚げは熱湯で1～2分ゆでて油抜きし、ざるに上げて冷まし、8等分に切る。

2 卵はよく溶きほぐす。

3 鍋に1を入れて、しらす干しを全体に散らす。Aを加えて強火にかけ、煮立ったら2を鍋の外側から内側に向けて回し入れ、卵が半熟になったら火を止める。

オススメ技 溶き卵を流し入れるときは、必ず煮汁が煮立った状態で！

かつおと竹の子の煮物

「かつおをさくで買って、半分は刺身に、半分は煮物にと使い分けてみて。煮ておくと2日くらい持ちます」

[材料・2人分]

かつおの刺身 --- ½さく（150g）
ゆで竹の子 --- ½本（100g）
A｜酒 --- カップ1
　｜水 --- カップ2
砂糖 --- 大さじ1強
しょうゆ --- 大さじ2
かつお節 --- 適量

オススメ技 かつおもさっと湯にくぐらせて。これで、あくも臭みも落ちます。

[作り方]

1. 熱湯に竹の子をさっとくぐらせて引き上げ、続けてかつおも表面が白くなるまでさっとくぐらせ、引き上げる。

2. かつおは1cm幅に切る。竹の子は水けをふいて根元と穂先に分け、根元は1cm厚さに切って半分に切り、穂先は縦に1cm幅に切る。

3. 鍋にかつお、竹の子を並べ、Aを加えて火にかけ、煮立ったら砂糖を加えて弱めの中火で落としぶた（P.13参照）をして10分ほど煮る。しょうゆを加えて、さらに10分ほど煮る。器に盛り、かつお節をのせる。

夏

夏野菜と豚肉のみそ炒め

「なす×トマト、ヤングコーンなどでもおいしい。豚肉は柔らかく仕上げたいので、フライパンを熱さずに炒めて」

[材料・2人分]

なす --- 2本
とうもろこし --- ½本
豚切り落とし肉 --- 150g
A │ 玉ねぎのすりおろし --- 大さじ2
　│ にんにくのすりおろし --- 小さじ¼
　│ みりん、砂糖 --- 各大さじ1
　│ 酒 --- 大さじ3
　│ しょうゆ --- 小さじ1
　│ みそ --- 大さじ2
サラダ油 --- 大さじ2
青じそ（せん切り）--- 3枚

[作り方]

1 豚肉は食べやすい大きさに切り、Aと混ぜて、10分ほどおく。なすはへたを切り落とし、縦半分に切ってさらに横に1cm幅に切る。とうもろこしは実を包丁でそぎ落とす。

2 フライパンにサラダ油を熱し、なすをしんなりするまで中火で炒め、とうもろこしを加えてさっと炒めて、いったん取り出す。

3 フライパンを洗って水けをふき、豚肉をたれごと入れる。中火にかけて炒め、肉の色が変わったら2を戻し入れて炒め合わせる。器に盛り、青じそをのせる。

オススメ技

豚肉は冷たいフライパンにたれごと入れてから火にかけると、柔らかく仕上がります。

レタスと豚肉の
しゃぶしゃぶサラダ

「レタス、豚肉を順に、ひとつの鍋でゆでるだけです。肉がかたくならないよう、ゆでる温度に気をつけて」

[作り方]

1. レタスは1枚ずつはがす。ごまだれの材料は混ぜ合わせる。

2. 鍋に湯を沸かし、沸騰させない程度の火加減にし、Aを加えてレタスをさっとゆでてキッチンペーパーにとる。続けて豚肉を2〜3枚ずつゆで、色が変わったら引き上げてキッチンペーパーにとり、同様にすべてゆでる。

3. 器にレタスと豚肉を盛り、ごまだれを添えて、たれにつけながら食べる。

オススメ技 肉がかたくなってしまうので湯は煮立てないで。

[材料・2人分]

豚薄切り肉（しゃぶしゃぶ用） --- 150g
レタス --- 大1/4個
A ┃ 塩 --- 小さじ1
　 ┃ ごま油 --- 大さじ2
ごまだれ
　┃ めんつゆ（ストレートタイプ） --- 大さじ2 2/3
　┃ しょうゆ、砂糖、ラー油 --- 各小さじ2
　┃ 練り白ごま、すり白ごま --- 各大さじ2
　┃ 塩 --- 少々

枝豆と鶏ひき肉のポロポロ炒め煮

「ゆでて残った枝豆でも。高菜漬けの塩けがあるので、しょうゆは加減してください」

[材料・2人分]

- 枝豆（さやつき） --- 100g（正味 50g）
- 高菜漬け --- 100g
- 鶏ひき肉 --- 300g
- A | 酒、砂糖 --- 各大さじ1
  | しょうゆ --- 大さじ½
- こしょう --- 少々
- サラダ油 --- 少々
- ごま油 --- 小さじ1

[作り方]

1 枝豆は塩少々（分量外）を加えてゆで、さやから出す。高菜漬けは軽く汁けを絞り、細かく刻む。

2 フライパンにサラダ油を熱し、ひき肉を中火で炒める。ポロポロになったらAを加えて炒め、1を加えてさらに炒め、こしょうをふる。ごま油を回しかけて、火を止める。

えびとオクラの岩石揚げ

「えびとオクラのかき揚げですが、衣は作らず、粉をまぶして卵黄でつなぐだけです」

[作り方]

1. えびは殻をむき、背に切り込みを入れて背わたを除いて細かく刻む。オクラは塩少々をまぶして軽くこすり、洗って水けをふく。へたを切り落とし、5mm幅に切る。

2. ボウルに1を入れて小麦粉をふり入れ、ゴムべらで混ぜる。卵黄を加えて、さっくりと混ぜる。

3. フライパンにサラダ油を2cm深さまで入れて180℃に熱し、2をスプーンで一口大にすくっては落として、こんがりと揚げる。器に盛り、塩適量を添える。

[材料・2人分]

えび（無頭、殻つき）--- 8尾（120g）
オクラ --- 6本
塩 --- 適量
小麦粉 --- 大さじ1
卵黄 --- 1個分
サラダ油 --- 適量

オススメ技　卵黄はつなぎ。軽く混ぜて、材料同士がくっつけばOKです。

さばとパプリカのカレー煮

「カレー風味の煮魚です。さばは皮目をこんがり焼いて煮るとさば独特のにおいも和らぎます」

[材料・2人分]

- さば（三枚におろしたもの） --- 1枚（380g）
- パプリカ（赤、黄） --- 各¼個
- 塩 --- 少々
- 片栗粉 --- 適量
- A
  - 水 --- カップ1
  - 酒 --- カップ¾
  - しょうゆ --- 大さじ2
  - みりん --- 大さじ4
  - カレー粉 --- 大さじ½
- サラダ油 --- 少々

[作り方]

1. パプリカは縦に細く切る。
2. さばは4等分に切り、塩をふり、片栗粉をまぶす。フライパンにサラダ油を熱し、さばの皮目を下にして、こんがりと焼く。返して、身はさっと焼いて取り出す。
3. フライパンをきれいにし、Aを入れて煮立て、2を皮目を上にして戻し入れる。落としぶた（P.13参照）をして、弱めの中火で10分ほど煮る。1を加えてさらに5分ほど煮る。

オススメ技 さばは皮目から焼くこと。皮が破れずにきれいに仕上がります。

まぐろとトマトののりつくだ煮あえ

「まぐろをボリュームアップ。のりつくだ煮は魚とよく合います。刺身はほかに白身、たこやいかでも」

[作り方]

1. 鍋にのりつくだ煮の材料を入れ、焼きのりをちぎり入れ、中火にかけて汁けがなくなるまで煮て冷ます。

2. まぐろ、トマトは一口大に切る。三つ葉はざく切りにする。

3. ボウルに1の半量、練りがらし小さじ1を入れて混ぜ、2を加えてあえる。器に盛り、練りがらし少々を添える。

[材料・2人分]

まぐろの刺身 --- 150g
トマト --- ½個
三つ葉 --- 5本
のりつくだ煮※
　焼きのり --- 全型3枚
　だし汁 --- カップ⅔
　酒 --- 大さじ2
　砂糖 --- 大さじ1
　しょうゆ --- 大さじ1½
練りがらし --- 適量

※のりつくだ煮は半量を使用。残りは、ご飯などにのせて食べてもよい。

あじの酢洗い 漬物と香味野菜あえ

「刺身を酢にくぐらせることを"酢洗い"といい、身が締まって、そのままよりさっぱりと食べられます」

[材料・2人分]

- あじの刺身 --- 150g
- 塩 --- 少々
- 酢 --- 適量
- A
  - きゅうり --- 1/4本
  - たくあん --- 15g
  - 奈良漬け --- 10g
  - みょうが --- 1個
  - 青じそ --- 3枚
- 塩昆布（刻んだもの）--- 小さじ2

[作り方]

1. あじは塩をふり、10分ほどおく。ボウルに酢を入れて、あじの両面をくぐらせる。
2. Aはすべてせん切りにし、ボウルに入れて塩昆布を加えてあえ、水けを絞る。
3. 器に1のあじを並べ、2の香味野菜をのせ、一緒に食べる。

ご飯にのせて、あじ丼もおいしい！

秋

鶏肉と根菜のうま煮

「筑前煮を簡単に。根菜はよく炒めてから煮ます。まずは甘く煮て、しょうゆはあとで。これでひと味アップ」

[材料・2〜3人分]

- 鶏もも肉 --- 1枚（250g）
- にんじん --- 1本
- れんこん --- 小1節
- ごぼう --- 小1本
- 絹さや --- 10枚
- 塩 --- 少々
- A｜だし汁 --- カップ2½
  ｜酒 --- カップ¼
- B｜砂糖 --- 大さじ3
  ｜みりん --- 大さじ1強
- しょうゆ --- 大さじ2
- サラダ油 --- 少々

[作り方]

1. 鶏肉は余分な脂を除き、一口大に切る。にんじん、れんこんは皮をむいて一口大の乱切りにする。ごぼうはたわしでこすってよく洗い、乱切りにする。絹さやは筋を除く。

2. 鍋にサラダ油を熱して鶏肉を入れ、色が変わるまで炒め、塩をふって取り出す。つづけて絹さや以外の野菜を入れて、弱めの中火でよく炒め、Aを加えて煮立てる。

3. 2にBを加えて、落としぶた（P.13参照）をして、煮汁が半分ほどになるまで煮る。しょうゆを加え、2の鶏肉を戻し入れてさらに5〜6分煮る。絹さやを加え、さっと煮て火を止める。

オススメ技

根菜は、鶏肉から出た脂をからめるようによく炒めておくと、煮込んでも煮崩れしません。

きのことささ身の ごま酢あえ

「きのこたっぷりのあえ物です。きのこはごま油の香りをつけてゆでます。ごまの風味で白いご飯とも相性ばっちり」

[作り方]

1. ささ身は耐熱容器に並べ、Aをふる。ラップをして電子レンジに3分かけ、そのまま粗熱をとる。ささ身から出た汁はとっておく。

2. しいたけは軸を除き、薄切りにする。しめじとまいたけは根元を除き、食べやすくほぐす。エリンギは長さを半分にし、縦に薄切りにする。ボウルに入れ、ごま油をからめ、熱湯でさっとゆでてざるに上げて冷ます。

3. ボウルにごま酢の材料を入れてよく混ぜ、1のささ身を手で粗く裂いて汁とともに加え、2も加えてあえる。器に盛り、万能ねぎを散らす。

[材料・2人分]

- ささ身（筋なし） --- 2本（150g）
- しいたけ --- 3個
- しめじ、まいたけ --- 各½パック
- エリンギ --- 1本
- A | 塩 --- 少々　酒 --- 大さじ1
- ごま油 --- 小さじ1
- ごま酢
  - 練り白ごま、酢 --- 各大さじ2
  - 砂糖 --- 大さじ1
  - しょうゆ --- 小さじ1
- 万能ねぎ（小口切り） --- 少々

豚肉ときのこの甘酢煮

「甘酢煮といっても、酸味はほんのり。豚肉に粉をまぶして焼くので、きのこのうまみもよくからみます」

[材料・2人分]

豚ロース肉（とんかつ用）--- 2枚（300g）
エリンギ --- 1本
しいたけ --- 2個
しめじ --- ½パック
塩、こしょう --- 各少々
片栗粉 --- 適量

A ｜ 砂糖 --- 大さじ1　　酒 --- 大さじ2
　｜ だし汁 --- カップ1

B ｜ しょうゆ、みりん --- 各大さじ1
　｜ 酢 --- 大さじ2

サラダ油 --- 大さじ1
粗びき黒こしょう --- 少々

[作り方]

1. 豚肉は2cm幅に切り、塩、こしょうをふり、片栗粉を薄くまぶす。

2. エリンギは根元を除き、長さを半分にして縦8等分、しいたけは軸を除いて縦4等分に切る。しめじは根元を除き、食べやすい大きさにほぐす。

3. フライパンにサラダ油を熱し、1を入れて両面をこんがりと焼く。フライパンの余分な脂をふき、Aを強火で煮立て、2を加えて煮る。きのこがしんなりしたらBを加え、さっと煮て火を止める。器に盛り、黒こしょうをふる。

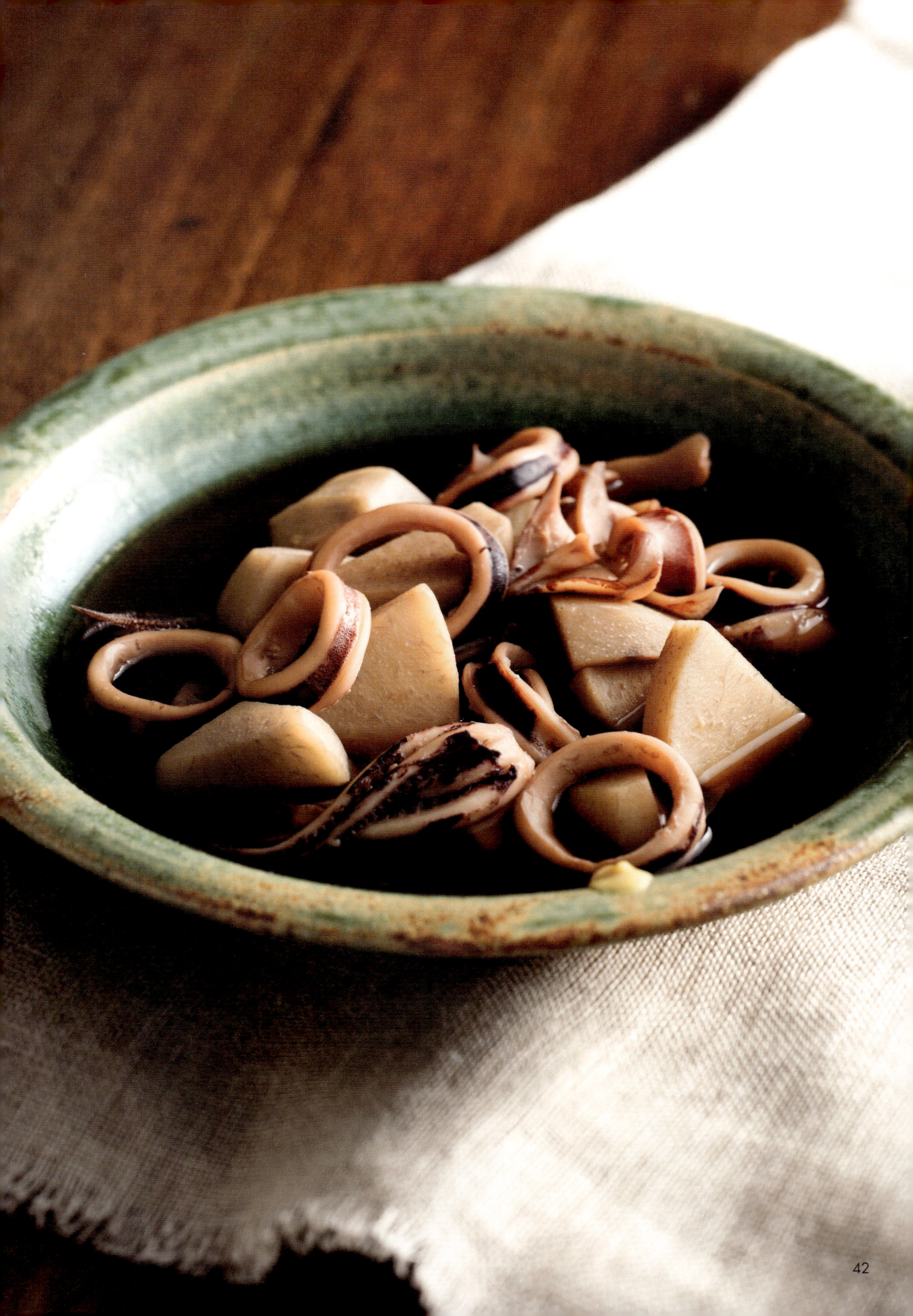

いかと里芋のからし煮

「いかと里芋の定番の煮物ですが、最後にからしを加えると風味がよく、こくもアップ。辛みはほとんど残りません」

[材料・2人分]

いか（するめいか） --- 2はい（400g）
里芋 --- 3個
塩 --- 少々
煮汁
- 水 --- カップ2½
- 酒 --- カップ½
- しょうゆ --- カップ¼
- 砂糖 --- 大さじ4弱
- みりん --- 大さじ1強

練りがらし --- 大さじ1

[作り方]

1. 里芋はたわしで洗い、皮をむいて4等分に切る。ボウルに入れ、塩をふってもみ、洗ってぬめりを落とし、水けをふく。

2. いかは足を引き抜き、軟骨を除く。胴は皮つきのまま2cm幅に輪切りにする。足は目の下で切り、くちばしも除いて半分に切る。

3. 鍋に煮汁の材料、いかと里芋を入れて中火にかける。煮立ったらあくをすくい、落としぶた（P.13参照）をして20分ほど煮る。練りがらしを加え、さらに2～3分煮る。器に盛り、好みで練りがらし（分量外）を添える。

オススメ技

里芋は塩でもんでぬめりを出し、洗ってぬめりを落として煮ます。すっきりとした味になり、途中での吹きこぼれも防げます。

さけと野菜の揚げ焼き

「つけ合わせの野菜もいっしょに、揚げ焼きにします。めんつゆをかけてもいいですよ」

[材料・2人分]

- 生ざけの切り身 --- 2切れ
- ズッキーニ --- ½本
- かぼちゃ --- 薄切り4枚
- しし唐 --- 4本　大根 --- 100g
- 塩 --- 少々　片栗粉 --- 適量
- A｜だし汁 --- カップ1
  ｜しょうゆ、みりん --- 各大さじ1
- サラダ油 --- 適量

[作り方]

1. さけは1切れを3等分に切り、塩をふる。ズッキーニは1cm幅の輪切りにする。しし唐はなりくちを短くして、縦に1本切り目を入れる。

2. 大根は皮をむいておろし、軽く汁けを絞る。鍋にAを入れて火にかけ、煮立ったら火を止める。

3. さけ、ズッキーニ、かぼちゃに片栗粉をまぶす。フライパンにサラダ油を2cm深さまで入れて170℃に熱し、さけ、ズッキーニとかぼちゃを順に入れてからりと揚げる。しし唐はそのままさっと素揚げにする。器に盛り、2で温めた汁をかけて大根おろしをのせる。

オススメ技　そのままだと途中で破裂するので、しし唐は必ず切り目を入れてから揚げて！

さんまのごまじょうゆ焼き

「ごまが香ばしい焼き魚です。
ごまが焦げないよう、まめに返しながら焼きます」

[材料・2人分]

さんま --- 2尾
さつま芋 --- 輪切り2枚
A │ しょうゆ、みりん、砂糖
　　--- 各大さじ1
小麦粉 --- 適量　　卵白 --- 1個分
いり白ごま --- 適量　　塩 --- 少々
サラダ油 --- 大さじ2

オススメ技 さんまは3〜4cm長さに切って。この切り方を"筒切り"といいます。

[作り方]

1. さんまは頭を落とし、内臓を除いて洗い、水けをよくふいて3〜4cm長さに切り、塩をふる。さつま芋は皮つきのままラップで包み、電子レンジに1分かけ、半分に切る。

2. さんま、さつま芋に小麦粉をまぶし、よく溶いた卵白をつける。バットにごまを広げ、さんま、さつま芋を入れて全面にまぶす。

3. フライパンにサラダ油を熱し、2を並べる。弱めの中火で、まめに返しながら全面をこんがり焼く。火を止め、よく混ぜたAをさんまにかけてからませ、器に盛る。

冬

鶏手羽と白菜のトロトロ煮

「手羽肉を少し強めの火で煮て、スープを白濁させます。うまみを煮出して、そのうまみで白菜を煮ます」

[材料・2人分]

手羽肉 --- 6本
白菜 --- ⅛株
だし汁 --- 適量
塩 --- 適量
酒 --- カップ½
ゆず皮（せん切り）--- 少々
サラダ油 --- 少々

[作り方]

1 手羽肉は塩少々をふる。白菜は長さを半分にしてから、縦に細切りにする。

2 フライパンにサラダ油を熱し、手羽肉を入れて両面を焼く。焼き色がついたら酒を加えて強火で煮立て、さらにだし汁をひたひたまで加えて煮立てる。あくをすくい、ふたをして強めの中火で5〜6分煮る。

3 手羽肉を返して3分ほど煮て白菜を加え、中火にして5分ほど煮る。味をみて塩少々で調え、器に盛り、ゆず皮をのせる。

オススメ技

ふわっと煮立った泡（あく）と脂をすくい、除きます。

鶏肉と小松菜のゆずこしょう炒め

「ゆずこしょうの香りで、さわやかな炒め物に。辛みをきかせたいなら、ゆずこしょうの量を増やして」

[作り方]

1. 鶏肉は一口大のそぎ切りにし、塩をふる。小松菜は3〜4㎝長さに切る。油揚げは熱湯で2分ほどゆでて油抜きし、ざるに上げて冷まし、1枚を8等分に切る。
2. フライパンにサラダ油を熱し、鶏肉を炒める。鶏肉の色が変わったら小松菜、油揚げを加えてさらに炒める。混ぜたAを鍋肌から回し入れて炒め合わせる。

[材料・2人分]

鶏もも肉 --- ½枚（150g）
小松菜 --- 2株
油揚げ --- 2枚
塩 --- 少々
A｜ゆずこしょう --- 小さじ½
　｜しょうゆ、みりん --- 各大さじ1
　｜酒 --- 大さじ2
サラダ油 --- 少々

大根と豚肉の和風バターしょうゆ炒め

「店のまかないメニューのひとつ。豚肉に砂糖をふって炒めて甘みをつけておくと、バターしょうゆ味がぐっと際立ちます」

[材料・2人分]

- 大根 --- 6cm
- 豚薄切り肉 --- 150g
- 塩 --- 少々
- 砂糖 --- 大さじ1
- A みりん、しょうゆ --- 各大さじ1
- 　　酒 --- 大さじ6
- サラダ油 --- 少々
- バター --- 10g
- 粗びき黒こしょう --- 少々

[作り方]

1. 豚肉は一口大に切り、塩をふる。大根は5mm厚さの輪切りにし、端から1cm幅に切る。
2. フライパンにサラダ油を熱し、豚肉を炒める。砂糖をふって軽く炒め、大根を加えて強めの中火で炒める。大根が透き通って火が通ったらAを加えて軽く煮る。
3. バターを加えてさっとからめ、器に盛って黒こしょうをふる。

長ねぎの豚巻き天ぷら風

「甘みが増した冬の長ねぎで作ってください。衣は小麦粉を水で溶くだけです」

[作り方]

1. 長ねぎは表側と裏側に斜めに細かく切り込みを入れ、長さを8等分に切る。豚肉は長さを半分に切り、片面に塩少々をふる。

2. 焼きのりを肉よりも一回り小さめにちぎって豚肉にのせ、長ねぎをのせて豚肉で包み込むように巻く。

3. 冷水に小麦粉を加え、さっくりと混ぜて衣を作る。フライパンにサラダ油を2cm深さまで入れて170℃に熱し、2を衣にくぐらせて入れる。2分ほど揚げ、返してさらに2分ほど揚げる。食べやすく切って盛り、カレー塩、塩、レモンを添える。

オススメ技：食べやすいように長ねぎに切り込みを入れ、焼きのりとともに豚肉で巻きます。

[材料・2人分／8個]

- 豚ロース肉（しょうが焼き用）--- 4枚
- 長ねぎ --- 1本
- 焼きのり --- 全型1枚
- 天ぷら衣
  - 冷水 --- カップ½
  - 小麦粉 --- カップ½弱（50g）
- サラダ油 --- 適量
- カレー塩
  - --- カレー粉小さじ1＋塩小さじ½
- 塩 --- 適量
- レモンのくし形切り --- 2切れ

豚角煮 つぶしじゃが添え

「角煮にはぜひ、ゆでてつぶしただけのじゃが芋を添えて。とろっとした煮汁を芋にからめると、最高においしいですよ」

[材料・2人分]

豚ばらかたまり肉 --- 300g
じゃが芋 --- 2個
塩 --- 適量
酒 --- カップ1
砂糖 --- 大さじ4強
しょうゆ --- カップ¼
水溶き片栗粉
　--- 片栗粉大さじ1＋水大さじ1
長ねぎ（せん切り） --- 適量
練りがらし --- 少々

[作り方]

1. 豚肉はかたまりのまま塩少々をふる。油をひかずにフライパンを熱し、豚肉を入れて全面を焼きつける。鍋に入れ、たっぷりの水を加えて1時間ほどゆでる。

2. 豚肉を引き上げ、さっと水で洗って水けをふき、2cm厚さに切る。別の鍋に入れ、水カップ3、酒を加えて火にかける。煮立ったら砂糖を加えて30分ほど煮て、しょうゆを加えてさらに15分ほど煮る。

3. じゃが芋は皮をむいて大きめに切り、鍋に入れて柔らかくゆで、湯を捨てて軽くつぶし、塩少々を混ぜる。器に盛り、2をのせる。豚肉の煮汁を軽く煮詰めて、水溶き片栗粉で強めにとろみをつけて肉にかけ、長ねぎをのせ、練りがらしを添える。

あぶりぶりと春菊のサラダ

「ぶりは、フライパンで片面だけ焼いてあぶりに。春菊の葉を摘んだ、香りサラダをたっぷり添えます」

[作り方]

1. 春菊は葉を摘み、水にさらしてパリッとさせる。水けをしっかりきり、ボウルに入れて塩少々、ごま油を加えてあえる（春菊の茎はみそ汁の実などに使う）。
2. おろしポン酢だれの材料は混ぜ合わせる。
3. ぶりは塩少々をふる。フライパンにサラダ油を熱し、ぶりを並べて片面だけをさっと焼いて器に盛る。おろしポン酢だれをかけ、1の春菊サラダをたっぷり添える。

[材料・2人分]

ぶりの刺身 --- 10切れ（100g）
春菊 --- 3本
おろしポン酢だれ
　大根おろし --- 大さじ2
　ポン酢しょうゆ --- カップ1/2
　すり白ごま --- 大さじ1
サラダ油、ごま油 --- 各少々
塩 --- 適量

かきとねぎの南蛮漬け

「長ねぎは焼きつけ、かきは粉をまぶして揚げ焼きに。つけるだけでなく、南蛮酢で軽く煮るとしっかり味が入ります」

[材料・2人分]

- かき --- 200g
- 長ねぎ --- 1本
- 南蛮酢
  - だし汁 --- カップ2
  - みりん、しょうゆ、酢 --- 各カップ¼
- 片栗粉 --- 適量
- サラダ油 --- 適量
- 糸唐がらし --- 適宜

オススメ技 揚げたかきに熱湯を回しかけると、油が落ちて、ぐっとすっきりした味になります。

[作り方]

1. かきは水で洗って水けをきり、さらにキッチンペーパーにのせて水けをふき取る。長ねぎは4㎝長さに切る。

2. フライパンにサラダ油少々を熱し、ねぎを中火で焼きつけ、いったん取り出す。フライパンをふき、サラダ油を2㎝深さまで入れて170℃に熱し、片栗粉をまぶしたかきを入れて揚げ焼きにする。金属製のざるにかきを並べ、熱湯をさっと回しかける。

3. 鍋に南蛮酢の酢以外の材料を入れて火にかけ、煮立ったら2のねぎを加えて5分ほど煮る。酢、2のかきを加え、3分ほど煮て火を止め、粗熱がとれたら冷蔵庫へ。半日後から食べられ、翌日が美味。器に盛り、あれば糸唐がらしを添える。

コラム 2　和風ピクルス

作っておけば、"箸休め"になります。1時間後から食べられ、1週間は保存できます。好みの野菜で作ってください。

ゴーヤ
ゴーヤ½本（150g）は縦半分に切り、種とわたを除き、横に5mm幅に切る。熱湯に**塩少々**を加えてかためにゆで、ざるに上げる。温かいうちに容器に入れ、ピクルス液を注ぐ。

にんじん
にんじん1本は皮をむき、長さを4等分してから、棒状に切る。熱湯に**塩少々**を加えてかためにゆで、ざるに上げて冷ます。容器に入れ、ピクルス液を注ぐ。

かぶ
かぶ2個は茎を1cmほど残して切り、皮をむいて8等分にくし形に切る。熱湯に**塩少々**を加えて10秒ほどゆで、ざるに上げて冷ます。容器に入れ、ピクルス液を注ぐ。

れんこん
れんこん200gは皮をむき、5mm厚さのいちょう切りにし、酢水にさらす。熱湯に**酢少々**を加えて、水けをきったれんこんを入れて柔らかめにゆで、ざるに上げて冷ます。容器に入れ、ピクルス液を注ぐ。

ピクルス液（野菜 150～280g 分）
酢150mℓ、水300mℓ、薄口しょうゆまたはしょうゆ50mℓ、砂糖50g、昆布5cm角1枚、赤唐がらし1本を鍋に入れて火にかけ、一煮立ちさせて冷ます。

3章 洋食テクでこくうま和食

グラタンやポークソテー、ローストビーフなど、「定番の洋食を和風にアレンジ」してみました。だし汁やしょうゆは、チーズやクリーム味とも合うんです。子どもにはもちろん、お年寄りにも喜ばれる味です。ちょっぴり「ごちそう感」もあるので、人を招いたときや持ち寄りパーティで、きっと受けますよ。

56

グラタン

えびとかぶの豆乳グラタン

「だしのきいた和風味ですが、クリーミーさも味わえます。粉をしっかり炒め、だし汁と豆乳を加えたら、そのつどよく混ぜて」

[材料・2人分]
- えび（無頭） --- 8尾（120g）
- かぶ --- 2個
- しめじ --- ½パック
- 玉ねぎ（薄切り） --- ½個
- **豆乳グラタンソース**
  - だし汁 --- カップ½
  - 豆乳 --- カップ⅔
  - 塩、こしょう --- 各適量
  - 酒 --- 大さじ1
  - バター --- 20g
  - 小麦粉 --- 大さじ2
  - しょうゆ --- 小さじ1
- ピザ用チーズ --- 40g
- サラダ油 --- 大さじ1½

[作り方]

1. えびは殻をむき、あれば背わたを除く。かぶは茎を1cmほど残して切り、皮をむいて8等分にくし形に切る。しめじは根元を除き、粗くほぐす。

2. フライパンにサラダ油大さじ½を熱し、えびとしめじを炒め、塩、こしょう各少々をふる。酒を加えて煮立て、火を止めていったん取り出す。

3. フライパンをきれいにしてサラダ油大さじ1を熱し、玉ねぎとかぶを入れ、塩少々をふって炒める。バターを加えてからめ、小麦粉をふって炒め（写真a）、粉っぽさがなくなったらだし汁を少しずつ加え（写真b）、そのつどよく混ぜる。豆乳も少しずつ加えてよく混ぜ、とろみをつける（写真c）。2を戻して（写真d）、しょうゆを混ぜる。

4. 耐熱容器に3を入れてチーズをのせ、温めたオーブントースターでチーズに焼き色がつくまで焼く。

a 小麦粉をふり入れ、粉っぽさがなくなるまでよく炒める。この粉がとろみになる。

b だし汁は3～4回に分けて加え、粉となじませるようにしっかり混ぜる。

c 豆乳も3～4回に分けて加え、しっかり混ぜる。とろみがついてきたらでき上がり。

d えびとしめじを戻し、混ぜてなじませ、しょうゆで味を調えて耐熱容器に入れる。

グラタン

鶏肉と里芋のカレー風味グラタン

「豆乳を牛乳に替えて、カレー粉で香りをつけました。チーズは使わずにパン粉を散らして焼くと、里芋のホクッとした食感が引き立ちます」

[材料・2人分]

鶏もも肉 --- 1枚（300g）
里芋 --- 4個
小松菜 --- 2株
塩、こしょう --- 各適量
A｜小麦粉 --- 大さじ2
　｜カレー粉 --- 小さじ1弱
だし汁 --- カップ½
牛乳 --- カップ⅔
パン粉 --- 小さじ1
サラダ油 --- 大さじ1

[作り方]

1　鶏肉は一口大に切る。里芋は皮をむき、5mm厚さの輪切りにする。小松菜は5cm長さに切る。

2　フライパンにサラダ油を熱し、里芋を透き通るまでよく炒め、鶏肉を加えて色が変わるまで炒める。塩、こしょう各少々をふり、さらにAをふり入れて粉っぽさがなくなるまで炒める。

3　2にだし汁を少しずつ加え、そのつどよく混ぜる。牛乳も少しずつ加えて混ぜ、とろみをつける。小松菜を加えてよくなじませ、味をみて塩、こしょう各少々で調える。

4　耐熱容器に3を入れて、パン粉を散らし、温めたオーブントースターで焼き色がつくまで焼く。

グラタン

かきと白菜のグラタン

「白菜が主役のグラタン。細切りの白菜を炒めると水けが出るので、その水分にかきのうまみを移します」

[作り方]

1. かきは水で洗い、水けをよくふく。白菜は3〜4cm長さに切り、さらに繊維にそって細切りにする。

2. フライパンにサラダ油を熱し、白菜を弱火で炒め、塩を1つまみふってさらに炒める。しんなりしたら、かきを加えて火を通す(写真左下)。

3. 2にバターを加えて溶かし、小麦粉をふり入れて、粉っぽさがなくなるまで炒める。牛乳を少しずつ加え、そのつどよく混ぜる。とろみがついたら、味をみて塩、こしょう各少々で調える。

4. 耐熱容器に3を入れてチーズをのせ、温めたオーブントースターでチーズに焼き色がつくまで焼く。

白菜がしんなりしたらかきを加え、静かに混ぜながらかきに火を通す。

[材料・2人分]

かき --- 200g
白菜(軸の部分)※ --- 250g
塩、こしょう --- 各適量
小麦粉 --- 大さじ2
牛乳 --- 250mℓ
ピザ用チーズ --- 50g
サラダ油 --- 大さじ1
バター --- 20g

※白菜の白い軸の部分を使用。多少葉がついていてもOK。

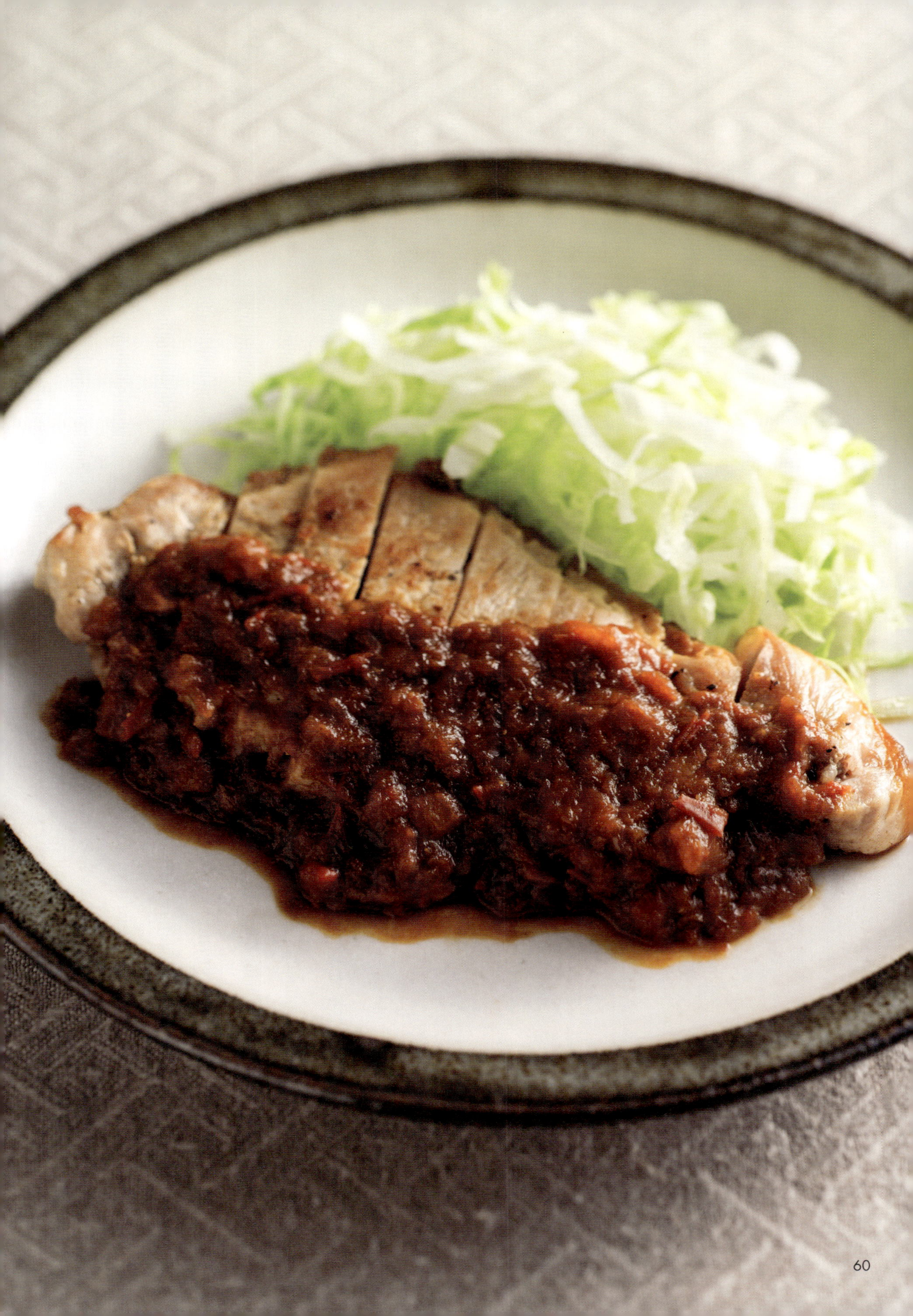

ソテー

ポークソテー トマト赤みそソース

「赤みそは名古屋のみそカツでも使われるものですから、豚肉と合います。トマトや玉ねぎなども加えて、甘酸っぱいソースに仕上げました」

[材料・2人分]

豚ロース肉（とんカツ用）--- 2枚（300g）
レタス --- 4枚
塩、こしょう --- 各少々
トマト赤みそソース
- トマト（1cm角に切る）--- 1個
- 玉ねぎ（すりおろす）--- ¼個
- しょうがのすりおろし --- 小さじ1
- 赤みそまたはみそ --- 小さじ2
- 砂糖、みりん --- 各小さじ1
- しょうゆ --- 小さじ½
- 酢 --- 大さじ½

[作り方]

1. 豚肉は筋を切り（写真 a）、両面に塩、こしょうをふる。

2. 油をひかずにフライパンを熱し、豚肉の脂身が当たるように立てて入れ（写真 b）、余分な脂をふきながら脂身に焼き色がつくまで焼く。豚肉を倒し、中火で両面をこんがりするまで焼く。取り出し、アルミホイルで包む。

3. トマト赤みそソースを作る。2のフライパンを軽くふいて、玉ねぎとしょうがを透き通るまで炒める。トマトを加えて崩すように炒め、残りの調味料を加えてなじませる。

4. レタスは細切りにし、冷水につけてパリッとさせ、ざるに上げて水けをきる。器にレタスと食べやすく切った2を盛り、豚肉に3をかける。

a 赤身と脂肪の間にある筋に、包丁の先で数ヵ所、切り込みを入れる。

b 脂の部分から焼いて脂を出し、その脂分で両面を焼いて焼き色をつける。

赤みそ
大豆だけで作る豆みそのこと。濃赤褐色で、長期間熟成するので、独特の風味がある。名古屋みそ、八丁みそなどが有名。

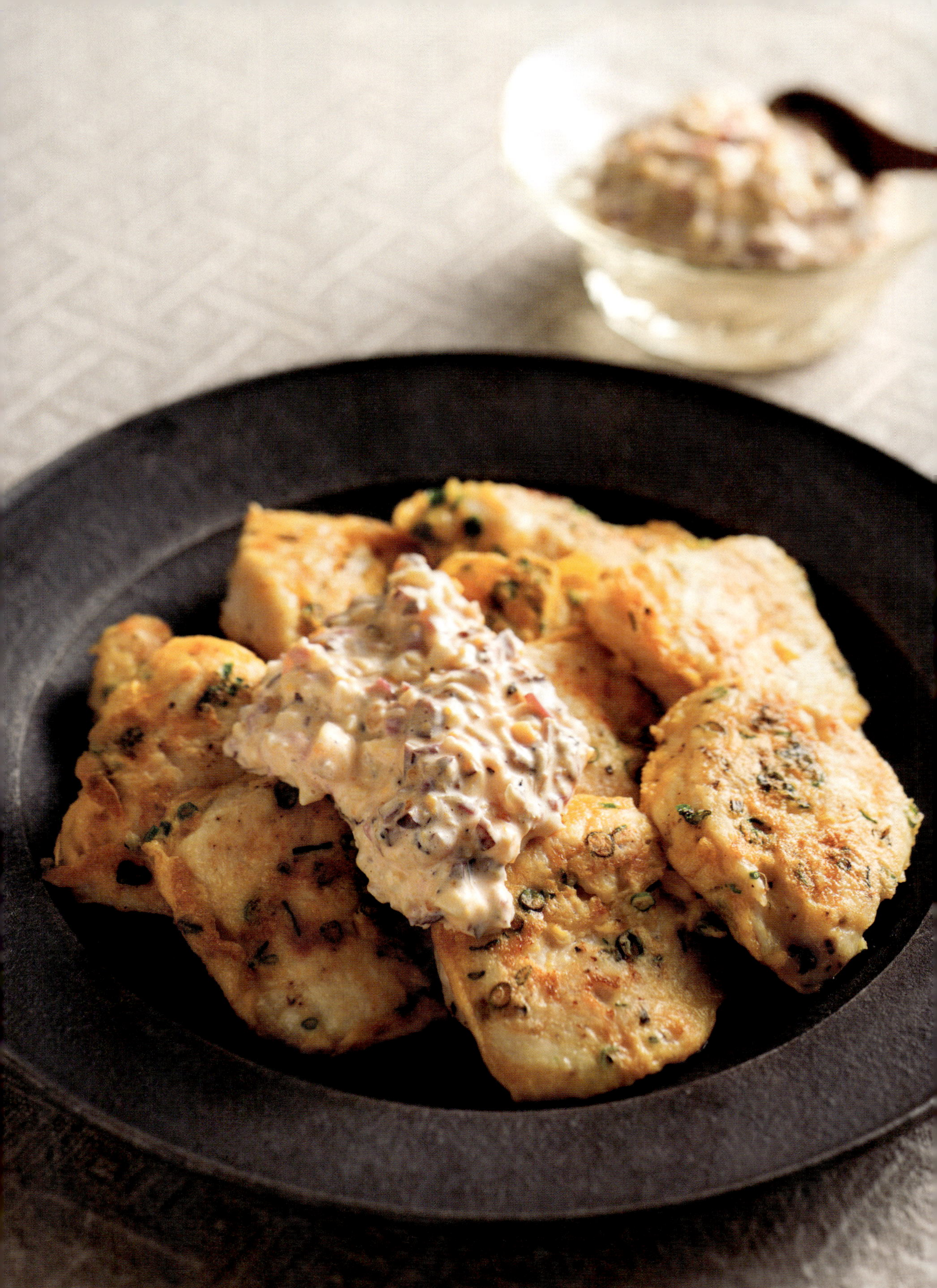

> ピカタ

チキンピカタ 和風タルタルソース

「鶏肉につける卵液に、万能ねぎを混ぜて焼きました。ソースはしば漬けを加えて、和風タルタルに。白身魚でもおいしくできますよ」

[材料・2人分]
鶏胸肉(皮なし) --- 1枚(200g)
卵 --- 1個
万能ねぎ(小口切り) --- 3本
塩、こしょう --- 各少々
小麦粉 --- 適量
タルタルソース
├ ゆで卵 --- 1個
├ みょうが --- 1個
├ しば漬け --- 30g
├ マヨネーズ --- 大さじ3
└ 塩、こしょう --- 各少々
サラダ油 --- 大さじ1

[作り方]

1 鶏肉は5mm厚さのそぎ切りにして並べ、包丁の背で軽くたたいてのばす(写真a)。塩、こしょうをふり、小麦粉を薄くまぶす。

2 ボウルに卵を溶き、万能ねぎを混ぜる。

3 フライパンにサラダ油を中火で熱し、2に鶏肉をくぐらせ両面にたっぷりつけて(写真b)フライパンに並べ入れ、弱火で両面を焼く(写真c)。

4 タルタルソースのゆで卵は粗みじん切り、みょうがとしば漬けはみじん切りにし、残りの材料と混ぜる(写真d)。器に3を盛り、ソースをかける。

a 包丁の背で軽くたたいてのばすと、鶏肉が柔らかく仕上がる。

b 溶き卵に鶏肉を入れ、両面にたっぷりつけたらすぐにフライパンに並べる。

c フライパンは中火でよく熱しておき、鶏肉を入れたら焦げないように弱火にする。

d タルタルソースは材料を混ぜるだけ。しば漬けの酸味がアクセントになる。

ローストビーフ

和風ローストビーフ

「これは家でも作っていて、家族もお気に入りのメニュー。焼いたらだしベースの汁につけるだけなので、意外に簡単です」

[材料・2～3人分]

牛ランプかたまり肉※ --- 300g
玉ねぎ --- 1個
塩、こしょう --- 各少々
つけ汁※※
　だし汁 --- カップ5
　しょうゆ、みりん
　　--- 各カップ½
　砂糖 --- 大さじ2
砂糖 --- 大さじ1
サラダ油 --- 少々
サラダ菜 --- 4枚
おろしわさび --- 適量

※牛肉はできるだけ平らな形のものを選んで。
※※つけ汁は肉全体がつかるように多め。残った汁は、うどんの汁やルウを加えてカレーにするとおいしい。

[作り方]

1　牛肉は塩、こしょうをふって室温に30分ほどおく。玉ねぎは縦半分にし、繊維にそって1cm幅に切る。

2　フライパンにサラダ油を熱し、牛肉を入れて全面を焼きつける。

3　鍋につけ汁の材料、玉ねぎを入れて煮立て、2を加えて弱火で1分ほど煮る。火からおろし、ふたをしてそのまま10分ほどおく。牛肉を取り出し、アルミホイルで包んで30分ほどおく。

4　3の玉ねぎは取り出す。つけ汁カップ1を小鍋に移し、砂糖を加えて、⅓量になるまで中火で煮詰める。

5　3の牛肉は薄く切り分ける。器にサラダ菜を敷いて牛肉を盛り、玉ねぎ、わさびを添えて4のたれをかける。

ロールキャベツ

ロールレタス ポトフ風

「キャベツよりも柔らかいレタスで肉を巻いて、ロールレタスに。だし汁と合って、おいしくできます」

[作り方]

1. 豚肉は塩、こしょう各少々をふる。

2. レタスはさっとゆで、冷水にとって冷まし、水けをふいて並べる。レタス1枚に豚肉2枚をのせ、手前からひと巻きして両サイドを折り、さらにくるくると巻き、巻き終わりはとめない。

3. にんじんは1cm厚さの輪切りにする。玉ねぎは繊維にそって1cm幅に切る。ブロッコリーは小房に分ける。

4. 鍋にAとにんじん、玉ねぎを入れて弱火で煮る。にんじんが柔らかくなったら2とブロッコリーを加え、さらに5分ほど煮る。しょうゆと塩、こしょう各少々で味を調える。ロールレタスは食べやすく切って盛る。

[材料・2人分]

レタス --- 大4枚
豚薄切り肉 --- 8枚（100g）
にんじん --- 1/2本
玉ねぎ --- 1/2個
ブロッコリー --- 60g
塩、こしょう --- 各適量
A｜だし汁 --- カップ3
　｜酒 --- カップ1/4
薄口しょうゆまたはしょうゆ --- 小さじ1

コラム 3

和に合うデザート

オススメは、クリーミーなのにさっぱりとしたヨーグルトアイス。作りおきして、アレンジを楽しみましょう。

ヨーグルトアイスといちごシャーベット

いちご1パックはへたを除き、ミキサーに入れて**砂糖30g、白ワイン大さじ2、レモン汁少々**を加えてなめらかに攪拌する。金属製の容器に入れて冷凍庫で固める。固まりかけたら一度取り出してフォークでかき混ぜ、さらに冷やし固める。**いちごシャーベット、ヨーグルトアイス**各適量をグラスに重ねて盛る。

ヨーグルトアイスと缶詰フルーツ

ヨーグルトアイス適量を盛り、食べやすく切った**缶詰のフルーツ**(写真は桃)適量を添える。

ヨーグルトアイスとグレープフルーツ

グレープフルーツ1個は皮、薄皮を除き、**砂糖小さじ1**を混ぜて冷蔵庫に1時間ほどおく。器に盛り、**ヨーグルトアイス**適量をのせ、**ミント少々**を飾る。

ヨーグルトアイス（5〜6人分）
生クリーム1パック（200㎖）はボウルに入れ、泡立て器でピンと角が立つくらいに泡立てる。砂糖100g、プレーンヨーグルト1パック（450g）を順に加えて混ぜ、金属製の容器に入れて冷凍庫で固める。固まりかけたら、一度取り出してフォークでかき混ぜ、さらに冷やし固める。食べるときは、冷凍庫から出して柔らかくしてから盛りつける。

4章 野菜を食べたければ定番の和の副菜

きんぴら、おひたし、あえ物など和の副菜には、「旬の野菜をおいしくたっぷり食べる知恵」が詰まっています。
きんぴらは水けがなくなるまでしっかり炒める、あえ物はゆでた野菜の水けをよく絞るなど、外せないコツがあるので、そこは手を抜かないで。
「ほんのひと手間」で、驚くほどおいしく仕上がりますよ。

きんぴら

「きんぴらは炒めて、甘辛味が基本。ご飯がすすむおかずです。野菜は歯ごたえを生かし、汁けを残さないように炒めるのがポイント」

大根と油揚げのきんぴら

「大根は繊維にそって切ると、歯ごたえが残ります」

[材料・2人分と作り方]

1. **大根150g**は皮をむき、繊維にそって5mm幅の細切りにする。**油揚げ1枚**はキッチンペーパーで押さえて油を吸わせ、縦半分にしてから細切りにする。

2. フライパンに**ごま油大さじ1**を熱し、大根を入れて炒め、**砂糖大さじ1**をふり、大根が透き通ったら油揚げ、**だし汁カップ¼、しょうゆ大さじ½**を加えて汁けがなくなるまで炒める。**いり白ごま小さじ1、一味唐がらし少々**をふり、さっと混ぜて火を止める。

3. 器に盛り、好みでいり白ごま、一味唐がらし各少々をふる。

ごぼうと三つ葉のきんぴら

「ごぼうと香りのよい野菜の組み合わせが新鮮」

[材料・2人分と作り方]

1. **ごぼう1本**はたわしでこすってよく洗い、ささがきにして水に10分ほどさらす。**三つ葉1束**は3〜4cm長さに切る。

2. フライパンに**サラダ油大さじ1**を熱し、水けをきったごぼうを入れて炒め、**砂糖大さじ1½**をふり、ごぼうがしんなりしたら、**酒大さじ3、しょうゆ小さじ1**を順に加えて炒める。汁けがなくなったら三つ葉を加え、さっと混ぜて火を止め、**いり白ごま大さじ½**をふる。

69

セロリのカレーきんぴら

「セロリは意外に火が通りにくいので、だし汁で柔らかく仕上げて」

[材料・2人分と作り方]

1. **セロリ2本**は5cm長さに切り、繊維にそって薄切りにする。
2. フライパンに**サラダ油大さじ1**を熱し、セロリを入れて炒め、透き通ってきたら**カレー粉少々**と**だし汁カップ¼**を加え、汁けがなくなるまで炒めて、**塩少々**で味を調える。

オススメ技

カレー粉

きんぴらを手軽にアレンジするなら、カレー粉で。辛みというより香りづけなので少量でOK。ごぼうやにんじん、れんこんなどにもよく合います。

じゃが芋のきんぴら明太子風味

「きんぴらには、でんぷん質が少ないメークインを」

[材料・2人分と作り方]

1. **じゃが芋（メークイン）大1個**は皮をむき、スライサーで長くなるようにせん切りにし、水に5分ほどさらす。

2. **明太子¼腹（30g）**は薄皮を除き、**しょうゆ小さじ1、酒大さじ1**と混ぜる。

3. フライパンに**サラダ油大さじ1**を熱し、水けをきった1を入れて炒める。透き通ってきたら2と**バター10g**を加え、汁けがなくなるまで炒め、器に盛る。好みで**レモンのくし形切り1切れ**を添え、絞って食べる。

オススメ技

明太子
カレー粉と同じように、味に変化をつけたいときに使います。うまみがあるので、こくもアップ。たらこでもよく、にんじん、れんこん、大根などと合わせても。

おひたし

「ゆでた野菜をひたし地（味をつけただし汁）につけたもの。野菜は水けをよく絞ってつけること。1時間後から食べられますが、オススメは半日後で、約2日保存できます」

水菜とゆばのおひたし

「ゆばは乾燥で。ぬるま湯または水でもどすだけ」

[材料・2人分と作り方]

1. **ゆば（乾燥）10g**はぬるま湯または水で、袋の表示時間通りにもどして水をきり、食べやすい大きさに切る。
2. 鍋に**だし汁カップ2**、**薄口しょうゆ**または**しょうゆ**、**みりん各大さじ2強**を入れて火にかけ、煮立ったら1を加えてさっと煮て火を止め、冷ます。
3. **水菜大1株**は4cm長さに切り、熱湯に**塩少々**を入れ、さっとゆでる。冷水にとって冷まし、水けを絞り、2に加える。

ミニトマトのおひたし

「トマトはさっとゆでると、ツルンと皮がむけます」

[材料・2人分と作り方]

1. 鍋に**だし汁カップ2½**、**薄口しょうゆ**または**しょうゆ**、**みりん**、**酢各カップ¼強**を入れて火にかけ、煮立ったら火を止めて冷ます。

2. **ミニトマト（赤、黄）各15個**はへたを除き、頭に切り目を入れてさっとゆで、水にとる。皮をむいて1に加える。

青梗菜（チンゲンツァイ）と桜えびのおひたし

「桜えびはからいりして、カリッと香ばしく」

[材料・2人分と作り方]

1. 油をひかずにフライパンを熱し、**桜えび（乾燥）10g**を香ばしくからいりする。

2. 鍋に**だし汁カップ2**、**薄口しょうゆ**または**しょうゆ**、**みりん各大さじ2強**を入れて火にかけ、煮立ったら1を加えて火を止め、冷ます。

3. **青梗菜2株**は1枚ずつはがす。食べやすい大きさに切り、熱湯に**塩少々**を入れてゆで、冷水にとって冷まし、水けを絞り、2に加える。

焼きびたし

「野菜を焼いて、だしに甘みを加えたひたし地に野菜を加えたら、すぐに火を止めて冷ますのがコツ。煮立てたひたし地につけたものです。おひたしと同様に、約2日保存できます」

しし唐とパプリカの油焼きびたし

「ピーマンや甘長唐がらしでもおいしい」

[材料・2人分と作り方]

1. **しし唐1パック**はなりくちを短くして、縦に1本切り込みを入れる。**パプリカ（赤）1個**は縦半分に切ってへたと種を除き、縦1cm幅に切る。

2. フライパンに**サラダ油少々**を熱し、パプリカを皮目を下にして並べ、空いたところにしし唐を入れて中火で焼き色がつくまで焼く。

3. 鍋に**だし汁カップ2½、しょうゆ、みりん各大さじ3弱、砂糖大さじ1**を入れて火にかけ、煮立ったら2を加え、すぐに火を止めて冷ます。

なすの油焼きびたし

「火が通りやすいよう、皮はしましまにむいて」

[材料・2人分と作り方]

1. **なす3本**はへたを切り落とし、皮をしま状にむいて縦4等分に切る。フライパンに**サラダ油少々**を熱し、なすを並べて柔らかくなるまで両面を焼く。

2. 鍋に**だし汁カップ2½、しょうゆ、みりん各大さじ3弱、砂糖大さじ1**を入れて火にかけ、煮立ったら1を加え、すぐに火を止めて冷ます。

3. 食べやすい大きさに切って器に盛り、**大根おろし大さじ2、しょうがのすりおろし小さじ1**を添える。

長芋ときのこの焼きびたし

「直火で焼くと、より香ばしく仕上がります」

[材料・2人分と作り方]

1. **しいたけ4個**は軸を除き、半分に切る。**しめじ、まいたけ各½パック**は根元を切り落とし、食べやすくほぐす。**長芋5〜6cm**は皮をむき、繊維にそって5mm厚さに切り、さらに2cm幅に切る。

2. オーブントースターの天パンにアルミホイルを敷いて1を並べ、**塩少々**をふって焼き色がつくまで焼く。または魚焼きグリルで同様に焼く。

3. 鍋に**だし汁カップ2、薄口しょうゆまたはしょうゆ、みりん各大さじ2弱**を入れて火にかけ、煮立ったら2を加え、すぐに火を止めて冷ます。

あえ物

「野菜をからしやごまなど、アクセントになる調味料であえたもの。ツナやベーコンなども合わせるので、酒のさかなにも。どれも食べる直前にあえること」

からしあえ

カリフラワーとベーコンのからしあえ

「ベーコンはカリッと焼く。余分な脂を除いて」

[材料・2人分と作り方]

1. **カリフラワー小½個**は小房に分け、熱湯に**塩少々**を入れてゆで、ざるに上げて冷ます。

2. **ベーコン50g**は棒状に切り、油をひかずにフライパンを熱し、カリッとするまで炒め、キッチンペーパーにとる。

3. ボウルに**練りがらし**、**だし汁**、**薄口しょうゆ**または**しょうゆ各大さじ1**、**砂糖**、**酢各小さじ1**を混ぜ、1、2を加えてあえる。

わさびあえ

ほうれんそうとツナのわさびあえ

「小松菜や青梗菜(チンゲンツァイ)なども合います」

[材料・2人分と作り方]

1 ほうれんそう小1束は3〜4cm長さに切り、熱湯に塩少々を入れてさっとゆで、冷水にとって冷まし、水けを絞る。

2 ボウルにおろしわさび、しょうゆ、砂糖各小さじ2、だし汁大さじ2を混ぜ、缶汁をきったツナ(ノンオイル)小1缶(70g)、1を加えてあえる。

たことクレソンのわさびあえ

「クレソンはゆでてもおいしい野菜です」

[材料・2人分と作り方]

1 ゆでだこの足100gは薄いそぎ切りにする。

2 クレソン2束は3〜4cm長さに切り、熱湯に塩少々を入れてさっとゆで、冷水にとって冷まし、水けを絞る。

3 ボウルにおろしわさび、しょうゆ、砂糖各小さじ2、だし汁大さじ2を混ぜ、1、2を加えてあえる。

ごまあえ

アスパラと豆腐のごまあえ
[味わいは白あえですが、つぶさないから簡単]

[材料・2人分と作り方]

1. **アスパラ4本**は根元を少し切り、下半分の皮をむき、熱湯に**塩少々**を入れてゆでる。冷水にとって冷まし、水けをふいて3～4cm長さに切る。
2. **絹ごし豆腐¼丁（75g）**は2cm角に切る。
3. ボウルに**練り白ごま小さじ1、すり白ごま大さじ2、薄口しょうゆまたはしょうゆ小さじ1弱、だし汁、砂糖各大さじ1**を混ぜ、1、2を加えてあえる。

いんげんと油揚げのごまあえ
[油揚げは押しつけて焼くと、すぐにカリッとなります]

[材料・2人分と作り方]

1. **さやいんげん10本**はなりくちを切り落とし、熱湯に**塩少々**を入れてゆで、冷水にとって冷まし、水けをふいて3～4cm長さに切る。
2. 油をひかずにフライパンを熱し、**油揚げ1枚**を入れ、押しつけながらカリッとするまで両面を焼く。縦半分に切ってから細切りにする。
3. ボウルに**練り白ごま小さじ1、すり白ごま大さじ2、薄口しょうゆまたはしょうゆ小さじ1弱、だし汁、砂糖各大さじ1**を混ぜ、1、2を加えてあえる。

酢みそあえ

玉みその作り方
鍋に白みそ200g、卵黄3個分、砂糖50g、酒カップ¾を入れて弱火にかけ、ぽってりするまで7～8分練り混ぜ、冷まして保存容器に入れる。冷蔵庫で約1ヵ月保存できる。

れんこんとえびの酢みそあえ

［れんこんは水にとらずに、ざるに上げて冷まして］

[材料・2人分と作り方]

1. **れんこん（細め）100g**は皮をむき、5mm厚さの半月形（太い場合はいちょう形）に切り、熱湯に**酢少々**を入れてゆで、ざるに上げて冷ます。

2. **えび（無頭）6尾**は殻をむいて背わたを除き、熱湯に**塩少々**を入れてゆで、色が変わったらざるに上げて冷ます。

3. ボウルに**玉みそ**（右記参照）**大さじ1½**、**酢大さじ½**を混ぜ、**1**、**2**を加えてあえる。

オクラと帆立ての酢みそあえ

［とろみがある酢みそ。オクラにしっかりからみます］

[材料・2人分と作り方]

1. **オクラ6本**はへたのまわりをくるりとむく。**塩少々**をまぶして軽くこすり、熱湯でゆでる。冷水にとって冷まし、水けをふいて斜め半分に切る。

2. ボウルに**玉みそ**（上記参照）**大さじ1½**、**酢大さじ½**を混ぜ、**1**と**ゆで帆立て貝小6個**を加えてあえる。

中山幸三（なかやま・こうぞう）

1974年東京都生まれ。27歳のときに笠原将弘氏（「賛否両論」店主）と出会い、グラフィックデザイナーから料理人への転身を決意。笠原氏の一番弟子として「とり将」で修業し、2004年の「賛否両論」開店時から店をもり立ててきた。2009年に独立し、恵比寿に自身の店「幸せ三昧」をオープンする。おいしくてカジュアルな和食を提供し、あっという間に予約の取りにくい店に。店名は、幸三の"幸"と"三"をとって命名。

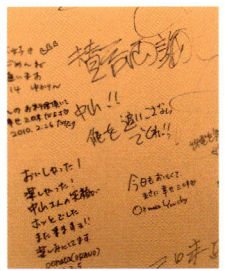

店内の一角には有名料理人のコメントがずらり

staff
デザイン　　　石田百合絵（ME&MIRACO）
撮影　　　　　嶋田礼奈（本社写真部）
スタイリスト　坂上嘉代
構成・編集　　相沢ひろみ
料理製作アシスタント
　　　　　　　伊藤林太郎　三浦裕子　星野貴史

講談社のお料理BOOK
「幸せ三昧」のカジュアル和食
中山流 味のサプライズ

2016年9月15日　第1刷発行

著者　　中山幸三

発行者　　鈴木 哲
発行所　　株式会社 講談社
　　　　　〒112-8001　東京都文京区音羽2-12-21
　　　　　編集　03-5395-3527
　　　　　販売　03-5395-3606
　　　　　業務　03-5395-3615
印刷所　　凸版印刷株式会社
製本所　　株式会社若林製本工場

定価はカバーに表示してあります。
落丁本・乱丁本は、購入書店名を明記のうえ、小社業務あてにお送りください。
送料小社負担にてお取り替えいたします。
なお、この本についてのお問い合わせは、生活実用出版部 第一あてにお願いいたします。
本書のコピー、スキャン、デジタル化等の無断複製は著作権法上での例外を除き禁じられています。
本書を代行業者等の第三者に依頼してスキャンやデジタル化することは、たとえ個人や家庭内の利用でも著作権法違反です。

©Kozo Nakayama 2016, Printed in Japan
ISBN978-4-06-299679-2